동물의 분류와 학명

동물을 분류하는 방법을 살펴보면, 특성이 같은 것을 모아서 '목', '과', '속,' '종' 등의 무리로 각각 나누어요. 이것을 '분류'라고 해요. 그리고 동물마다 세계 공통으로 쓰이는 이름인 '학명'이 있어요. 학명은 '속'의 이름과 '종'의 이름을 합친 것으로, 학명의 '속'을 보면, 가까운 '종'에 속하는 동물이 무엇인지 알 수 있답니다. 인간을 예로 들면, '속'은 성, '종'은 이름인 셈이지요.

시베리아호랑이의 분류와 학명

식육목은 육식 동물로 사냥감을 잡는 이빨과 눈, 코, 귀 등이 발달했다. 고양잇과, 갯과, 곰과, 하이에나과, 족제빗과, 몽구스과 등이 속한다.

고양잇과는 커다란 맹수에서 작은 동물까지 존재하며, 고양잇속, 치타속, 스라소니속, 표범속 등이 속한다.

분류	식육목 고양잇과
학명	*Panthera tigris altaica*

학명 *Panthera*는 속 이름이다. 한국어로는 표범속이며, 표범, 호랑이, 사자, 재규어가 이에 속한다.

학명 *altaica*는 아종 이름이다. 같은 종이나 크기나 생김새에 차이가 클 때는 '종' 다음에 '아종'을 표시한다.

학명 *tigris*는 종 이름이다. 한국어로 '호랑이'를 뜻한다. '종'은 동물을 분류할 때 가장 기본이 된다.

KOWAI IKIMONO NO SUGOI HIMITSU① KYOUBOU NA IKIMONO HA SUGOI!
by Takehiro Takahashi
Supervised by Kouji Shintaku
Copyright ⓒ g.Grape Co., Ltd., 2018
All rights reserved.
Original Japanese edition published by GODO-SHUPPAN Co., Ltd.

Korean translation copyright ⓒ 2019 by Studio Dasan Co., Ltd.
This Korean edition published by arrangement with GODO-SHUPPAN Co., Ltd.,
Tokyo, through HonnoKizuna, Inc., Tokyo, and Shinwon Agency Co., Seoul

이 책의 한국어판 저작권은 신원에이전시를 통해 저작권자와 독점 계약한 (주)스튜디오다산에 있습니다.
저작권법에 의해 한국 내에서 보호를 받는 저작물이므로 무단 전재와 무단 복제를 금합니다.

굉장해!

더 포악한 동물도감

다카하시 다케히로 지음 | 신타쿠 코지·이정모 감수 | 정인영 옮김

시작하는 글

여러분은 '포악한 동물'에 관해 얼마나 알고 있나요? 야생동물을 연구하는 일은 목숨을 걸어야 하는 위험천만한 일이에요. 이런 노력에도 불구하고 수수께끼 같은 그들의 생활을 낱낱이 알아내는 건 몹시 어려운 일이랍니다.

이 책에는 사자, 호랑이, 늑대, 악어 등 누구나 잘 아는 동물이 많이 등장해요. 그러나 흔히 알려진 맹수라도 아직 밝히지 못한 사실들이 많이 남아 있지요. 지금도 수많은 연구자가 이들을 조사하고 연구하며, 새로운 사실들을 하나하나 밝혀내고 있답니다. 이 책에서 소개하는 맹수들의 '포악함'은 그들의 특징과 매력 가운데 하나일 뿐, 전부는 아니에요. 날카로운 송곳니를 드러내고 발톱을 세우는 포악한 맹수라도, 때로는 좋아하는 짝에게 열정적으로 애정을 표현하거나 지극정성으로 새끼를 돌보지요. 인간 눈에는 무섭고 포악한 동물처럼 보이겠지만, 새끼에게는 둘도 없는 다정한 어미일 거예요.

어린이 여러분도 수수께끼로 가득한 동물들의 매력을 찾아 보세요. 이 책에는 동물들의 뛰어난 능력과 숨은 매력, 놀라운 비밀이 담겨 있어요. 'OOOO의 놀라운 비밀'이라는 코너에는 동물이 지닌 뜻밖의 사실들을 일목요연하게 잘 정리해 두었지요. 이 책을 펼쳐보면서 이제껏 잘 몰랐던 동물들과 친구가 되어 보세요. 동물 친구와 함께 독자 여러분의 세계도 더 깊고 넓어질 거예요.

생태과학연구기구 이사장, 신타쿠 코지

이 책의 사용법

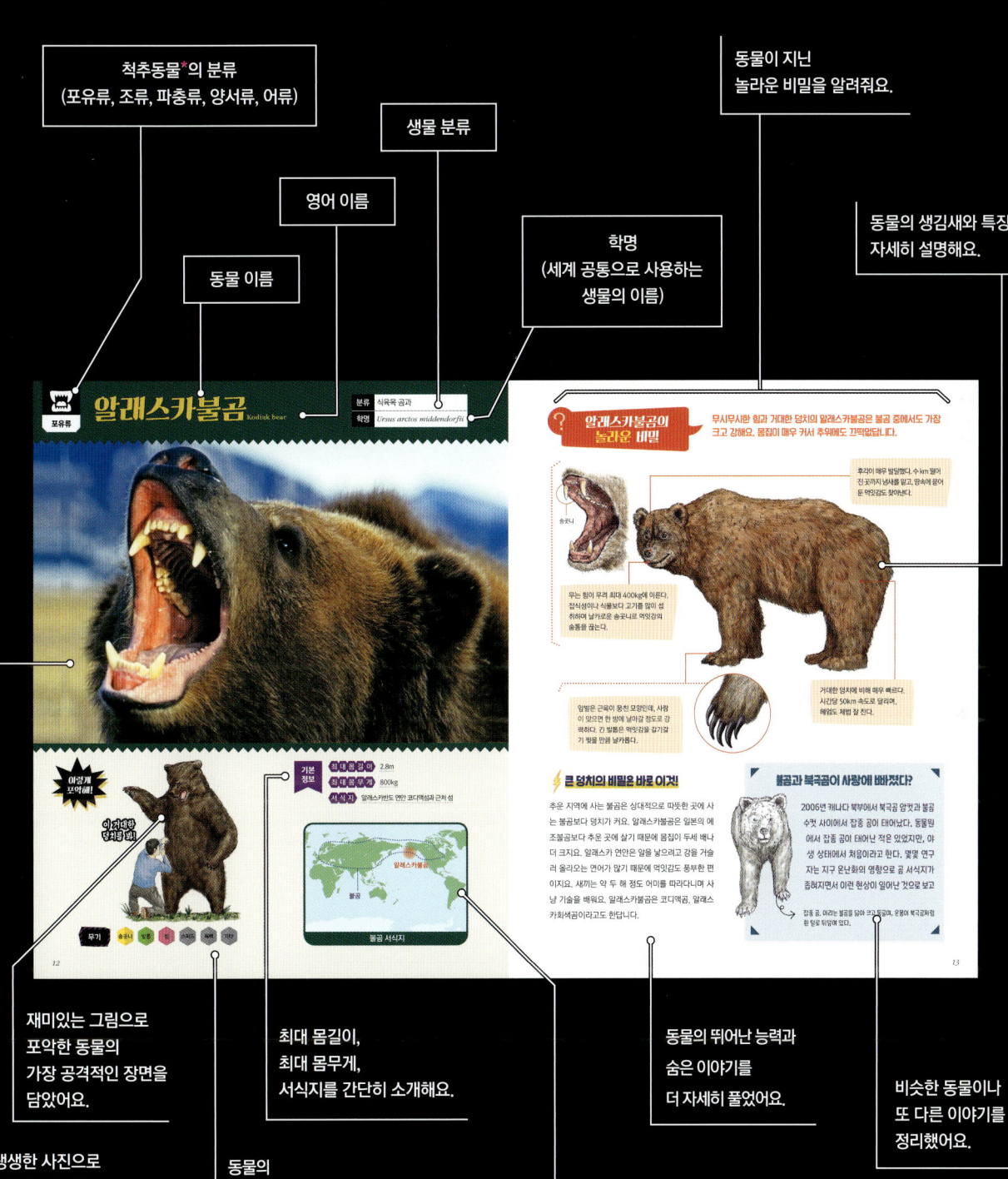

차례

시작하는 글 ·· 2

이 책의 사용법 ····································· 3

날카로운 송곳니와 발톱의 정체는? ········ 6

포악한 동물이란? ······························ 8

사는 곳마다 왜 크기가 다를까? ·········· 10

　　알래스카불곰 ································ 12

　　회색늑대 ······································ 14

　　시베리아호랑이 ····························· 16

타고난 사냥꾼, 고양잇과 맹수들! ········ 18

　❓ 사자의 갈기는 왜 있을까? ············ 19

　　점박이하이에나 ····························· 20

　　라텔 ··· 22

작은인도몽구스	24
얼룩무늬물뱀	26
남미수리	28
그물무늬비단뱀	30
지구상 최강 뱀은 누구?	32
❓ 뱀은 왜 발이 없을까?	33
바다악어	34
코모도왕도마뱀	36
악어거북	38
황소상어	40
엘리게이터가아	42
전기뱀장어	44
마치는 글	46
찾아보기	47

날카로운 송곳니와 발톱의 정체는?

사나운 동물의 무기라면, 역시 '뾰족한 송곳니'와 '날카로운 발톱'이 떠오를 거예요. 동물의 송곳니와 발톱은 먹잇감을 사냥하기 위해 발달했어요. 아래에 무시무시한 송곳니와 발톱을 가진 동물이 누구인지 알아맞혀 볼까요?

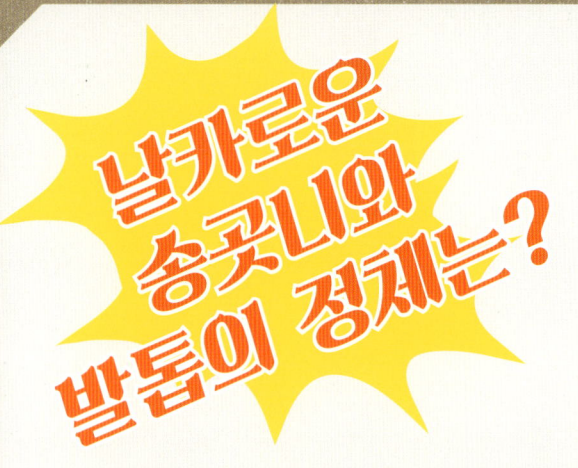

갈기갈기 찢는 무서운 발톱! 이 앞발의 정체는? 12쪽에!

뾰족한 톱니 이빨! 이 이빨의 정체는? 26쪽에!

무시무시한 송곳니! 이 송곳니의 정체는? 16쪽에!

지구상
가장 큰 갈고리 발톱!
이 발톱의 정체는?
28쪽에!

한번 물면 절대
놓지 않는 긴 주둥이!
이 주둥이의 정체는?
34쪽에!

뭐든지 부수는
힘센 턱!
이 턱의 정체는?
38쪽에!

(사진 제공 : 도바 수족관)

악어를
쏙 빼닮은 물고기!
이 물고기의 정체는?
42쪽에!

포악한 동물이란?

생태계 피라미드

- 초식 동물이나 육식 동물을 잡아먹는 최상위 육식 동물.
- 식물을 먹는 초식 동물, 지렁이처럼 작은 동물을 잡아먹는 육식 동물.
- 식물이나 균류, 지렁이 등의 작은 동물.

⚡ 포악한 동물의 무기는 무엇일까?

포악한 동물이 지닌 '뾰족한 송곳니'와 '날카로운 발톱'은 보기만 해도 정말 무시무시해요. 사나운 동물은 대부분 '생태계 피라미드'의 꼭대기에 속하는 최상위 육식 동물이에요. 이들은 초식 동물이나 작은 육식 동물을 잡아먹어요. 이처럼 생태계 피라미드의 꼭대기에 속하고, 다른 생물을 공격해 잡아먹는 육식 동물을 '포식자'라고 해요. 포식자의 송곳니와 발톱은 먹이를 잡을 때, 주로 숨통을 끊는 용도로 발달했어요. 또한, 사냥감을 공격할 때뿐만 아니라 자신을 지키기 위한 무기로도 사용해요. 무시무시한 이빨을 드러내면서 같은 육식 동물이나 덩치가 큰 초식 동물에게 겁을 주기도 하지요. 송곳니와 발톱이야말로 '맹수'다운 육식 동물의 훌륭한 무기랍니다.

유해 야생 동물의 예

⚡ 법으로 정한 위험한 동물

'유해 야생 동물'이란, 우리나라의 '야생 동물 보호 및 관리에 관한 법률'에서 '사람의 생명이나 재산에 피해를 주는 야생 동물'을 말해요. 즉, 사람에게 위험을 끼칠 수 있는 동물을 뜻하지요.

유해 야생 동물을 기르려면, 각 지방단체장의 허가를 반드시 받아야 해요. 사육이 가능한 동물 종류도 포유류·조류·파충류로 한정하고 있지요. 그런데 아직 유해 야생 동물로 지정되지 않은 위험한 동물도 있어요. 예를 들면, 맹독을 지닌 파란고리문어나 장수말벌, 독화살개구리도 아직 유해 야생 동물이 아니에요. 심지어 상어도 유해 야생 동물이 아니랍니다.

사는 곳마다 왜 크기가 다를까?

미국 코디액섬
최대 몸무게 : 800kg

티베트 오지
최대 몸무게 : 120kg

일본 홋카이도
최대 몸무게 : 300kg

⚡ 추운 곳에 살수록 더 무겁다?

1847년, 독일의 생물학자 크리스티앙 베르크만은 "기온과 관계없이 일정한 체온을 유지하는 정온동물(항온동물)의 경우, 추운 지역에 사는 동물의 체중이 따뜻한 지역에 사는 같은 종, 또는 유사 종의 체중보다 더 크다."라는 '베르크만의 법칙'을 발표했어요. 체온이 일정한 정온동물은 몸집이 클수록 열을 유지하기가 더 쉬워요. 따라서 열이 많이 필요한 추운 지역에 사는 동물이 따뜻한 곳에 사는 동물보다 몸집이 더 크지요. 예를 들어, 욕조의 더운물과 컵의 더운물 중 어느 쪽이 더 천천히 식을까요? 당연히 컵의 물보다 양이 많은 욕조에 담긴 물이 더 천천히 식어요. 따라서 같은 불곰 종류라도 일본 홋카이도에 사는 에조불곰보다 미국 코디액섬에 사는 알래스카불곰의 몸집이 훨씬 커요. 미국 코디액섬이 일본의 홋카이도보다 더 춥기 때문이지요.

⚡ 세계에서 가장 긴 뱀

세계에서 가장 긴 뱀은 어떤 뱀일까요? 바로 남아시아와 동남아시아에 사는 그물무늬비단뱀이에요. 그물무늬비단뱀은 몸길이가 무려 9m 이상 자란다고 해요.

'메두사'라는 이름의 그물무늬비단뱀은 '인간이 사육한 가장 긴 뱀'으로, 몸길이 7.67m, 몸무게 160kg으로 기네스 세계 기록을 경신하였답니다. 그물무늬비단뱀 수명은 야생에서는 약 20년, 사육 상태에서는 25년 정도라고 해요. 파충류에 속하는 뱀은 죽을 때까지 허물을 벗으며 자라요. 수명이 길다는 건 그만큼 허물 벗는 횟수가 많고, 몸집도 더 크게 자란다는 것을 의미하지요.

▲ 기네스북에 오른 미국 미주리주의 그물무늬비단뱀 '메두사'.

(사진 제공: 기네스 세계 기록)

포유류

알래스카불곰 Kodiak bear

분류	식육목 곰과
학명	*Ursus arctos middendorfii*

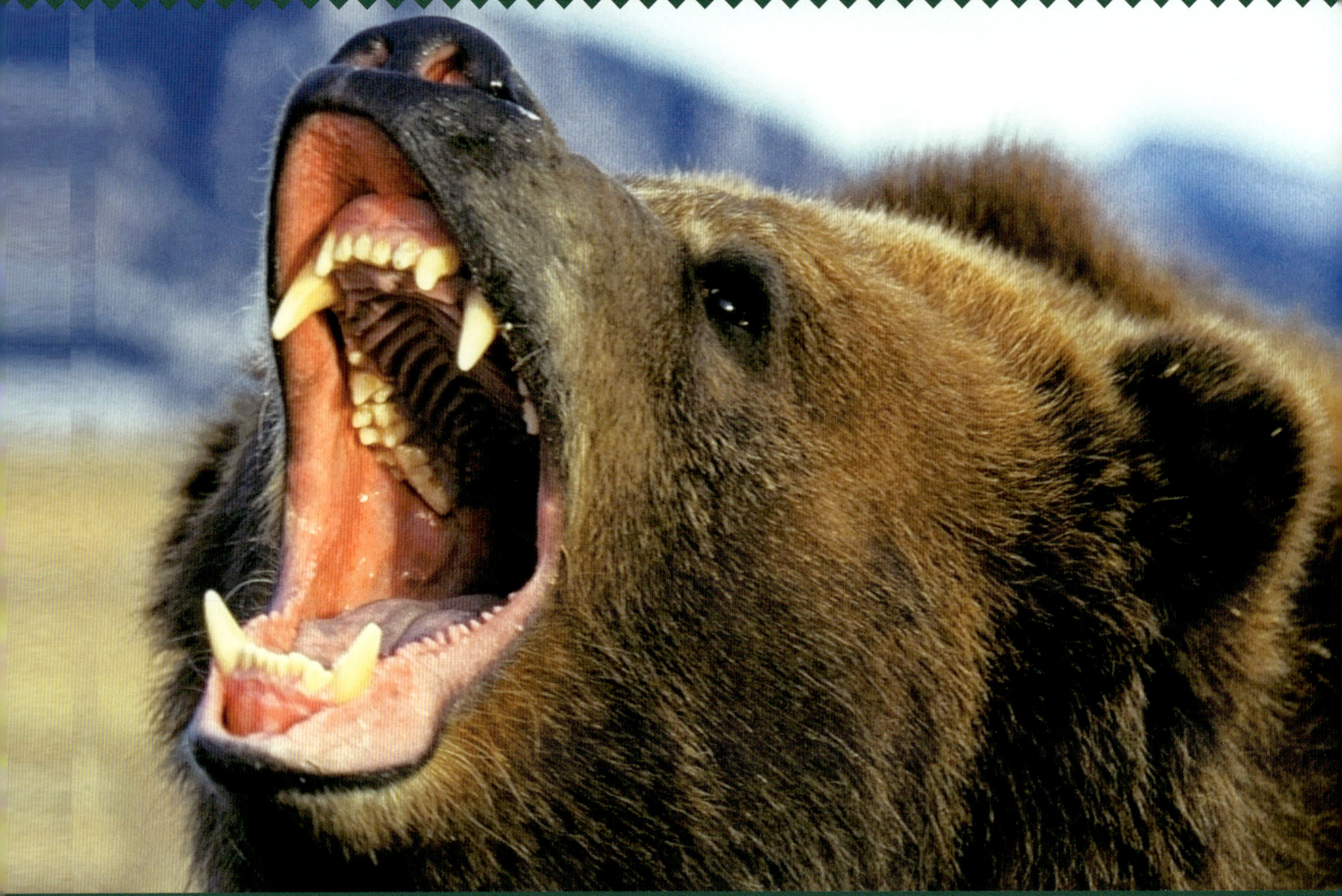

이렇게 포악해!

이 거대한 덩치를 봐!

기본 정보
- 최대 몸길이: 2.8m
- 최대 몸무게: 800kg
- 서식지: 알래스카반도 연안 코디액섬과 근처 섬

불곰 서식지

무기 송곳니 발톱 힘 스피드 체력 기타

알래스카불곰의 놀라운 비밀

무시무시한 힘과 거대한 덩치의 알래스카불곰은 불곰 중에서도 가장 크고 강해요. 몸집이 매우 커서 추위에도 끄떡없답니다.

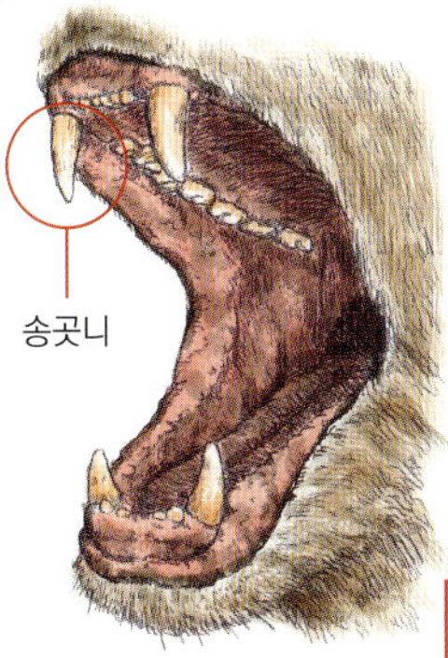

후각이 매우 발달했다. 수 km 떨어진 곳까지 냄새를 맡고, 땅속에 묻어 둔 먹잇감도 찾아낸다.

송곳니

무는 힘이 무려 최대 400kg에 이른다. 잡식성이나 식물보다 고기를 많이 섭취하며 날카로운 송곳니로 먹잇감의 숨통을 끊는다.

거대한 덩치에 비해 매우 빠르다. 시간당 50km 속도로 달리며, 헤엄도 제법 잘 친다.

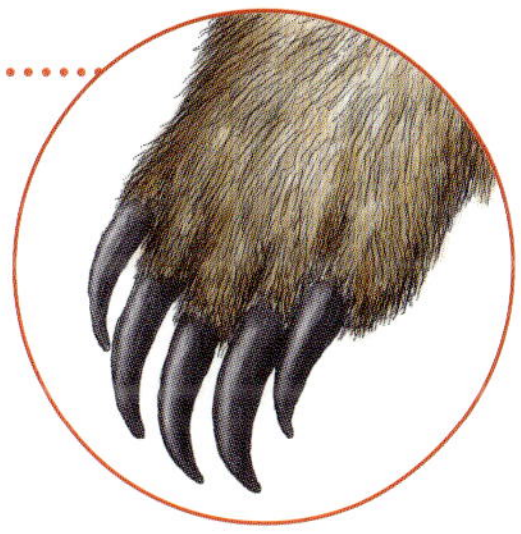

앞발은 근육이 뭉친 모양인데, 사람이 맞으면 한 방에 날아갈 정도로 강력하다. 긴 발톱은 먹잇감을 갈기갈기 찢을 만큼 날카롭다.

 ### 큰 덩치의 비밀은 바로 이것!

추운 지역에 사는 불곰은 상대적으로 따뜻한 곳에 사는 불곰보다 덩치가 커요. 알래스카불곰은 일본의 에조불곰보다 추운 곳에 살기 때문에 몸집이 두세 배나 더 크지요. 알래스카 연안은 알을 낳으려고 강을 거슬러 올라오는 연어가 많기 때문에 먹잇감도 풍부한 편이지요. 새끼는 약 두 해 정도 어미를 따라다니며 사냥 기술을 배워요. 알래스카불곰은 코디액곰, 알래스카회색곰이라고도 한답니다.

불곰과 북극곰이 사랑에 빠졌다?

2006년 캐나다 북부에서 북극곰 암컷과 불곰 수컷 사이에서 잡종 곰이 태어났다. 동물원에서 잡종 곰이 태어난 적은 있었지만, 야생 상태에서는 처음이라고 한다. 몇몇 연구자는 지구 온난화의 영향으로 곰 서식지가 좁혀지면서 이런 현상이 일어난 것으로 보고 있다.

잡종 곰. 머리는 불곰을 닮아 크고 둥글며, 온몸이 북극곰처럼 흰 털로 뒤덮여 있다.

포유류

회색늑대 Gray wolf

분류	식육목 갯과
학명	*Canis lupus*

이렇게 포악해!

모두가 힘을 모아 큰 동물도 거뜬히 사냥!

기본 정보	
최대 몸길이	160cm
최대 몸무게	50kg
서식지	아프리카를 제외한 북반구 삼림 지역

회색늑대 서식지

무기 송곳니 · 발톱 · 힘 · 스피드 · 체력 · 기타 ······ 두뇌

회색늑대의 놀라운 비밀

회색늑대는 늑대 중 가장 몸집이 커요. 주로 무리를 지어 생활하는데, 우두머리가 무리를 엄격하게 이끌지요. 깊은 연대감으로 자신의 무리를 끝까지 지키려는 특성이 있답니다.

행동반경이 매우 넓어 하루에 수십 km 이상 이동할 때도 있다. 개보다 다리가 더 길다.

후각이 매우 예민하다. 1km 이상 떨어진 곳까지 먹잇감의 냄새를 맡는다.

시력이 매우 좋아서 캄캄한 밤에도 사냥이 가능하다.

아프리카를 제외한 북반구에 넓게 분포한다. 추운 지역에는 몸무게가 50kg 정도 되는 큰 개체도 있다.

⚡ 지능 높은 늑대 무리

'말승냥이' 또는 '회색이리'라고도 부르는 회색늑대는 가족이 아니더라도 무리를 지어 함께 다녀요. 늑대 무리 사이에는 조직적이고 엄격한 질서가 있답니다. 우두머리는 목표하는 사냥감이나 상황에 따라 치밀하게 작전을 세워요.
구성원들은 각자에게 주어진 역할을 빠르고 정확하게 파악한 다음, 정보를 공유하여 효율적으로 먹잇감을 사냥해요. 지구력이 매우 강해 눈밭에서도 끝까지 쫓아가 먹잇감을 잡지요. 또한, 끈끈한 유대감으로 서로의 새끼를 돌보아 주기도 한답니다.

우리나라에서 사라진 늑대

예전에는 우리나라에도 늑대가 살았다. 한국늑대는 회색늑대와 유사 종으로, 산악 지형에 맞게 체형이 발달했다. 털은 누런 회색빛이며, 몸집은 중형견보다 크고, 다리도 더 길다. 무분별한 사냥과 생태계 교란, 서식지 파괴로 1950년대 말부터 급격히 줄어들었다. 경북 영주에서 포획한 암컷 늑대가 1997년 서울대공원 동물원에서 폐사한 것을 마지막으로 모두 멸종되었다.

포유류

시베리아호랑이 Siberian tiger

분류	식육목 고양잇과
학명	*Panthera tigris altaica*

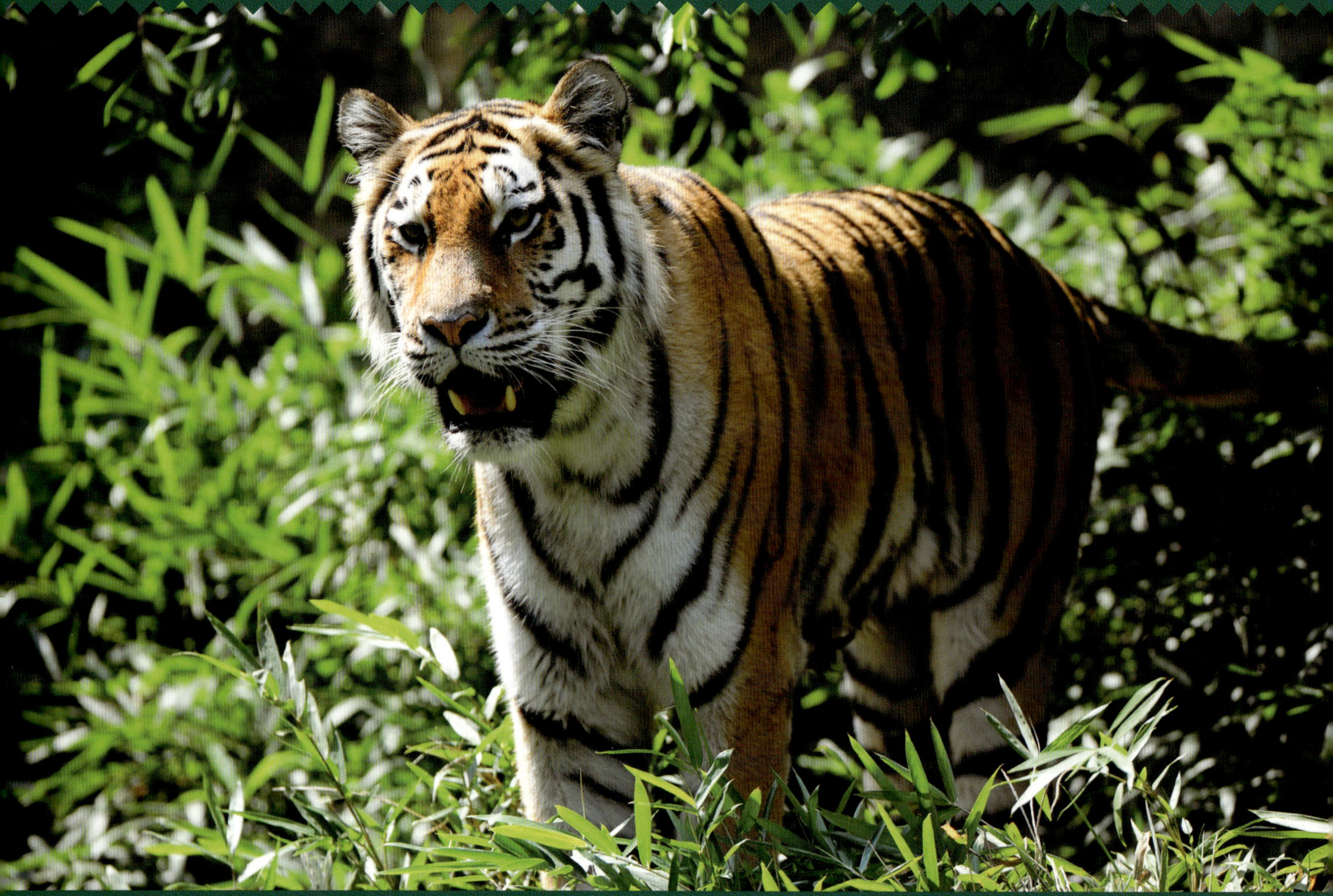

이렇게 포악해!

덩치 큰 불곰도 공격!

기본 정보
- 최대 몸길이: 3m
- 최대 몸무게: 300kg
- 서식지: 러시아와 중국 동북부 주변 삼림

호랑이 서식지

무기: 송곳니 · 발톱 · 힘 · 스피드 · 체력 · 기타

시베리아호랑이의 놀라운 비밀

날카로운 송곳니로 먹잇감의 숨통을 끊는 시베리아호랑이는 주로 사슴이나 소처럼 대형 초식 동물을 잡아먹어요. 때때로 불곰과 막상막하의 대결을 벌이기도 하지요. 이런 호랑이에게 가장 큰 적은 인간뿐이에요.

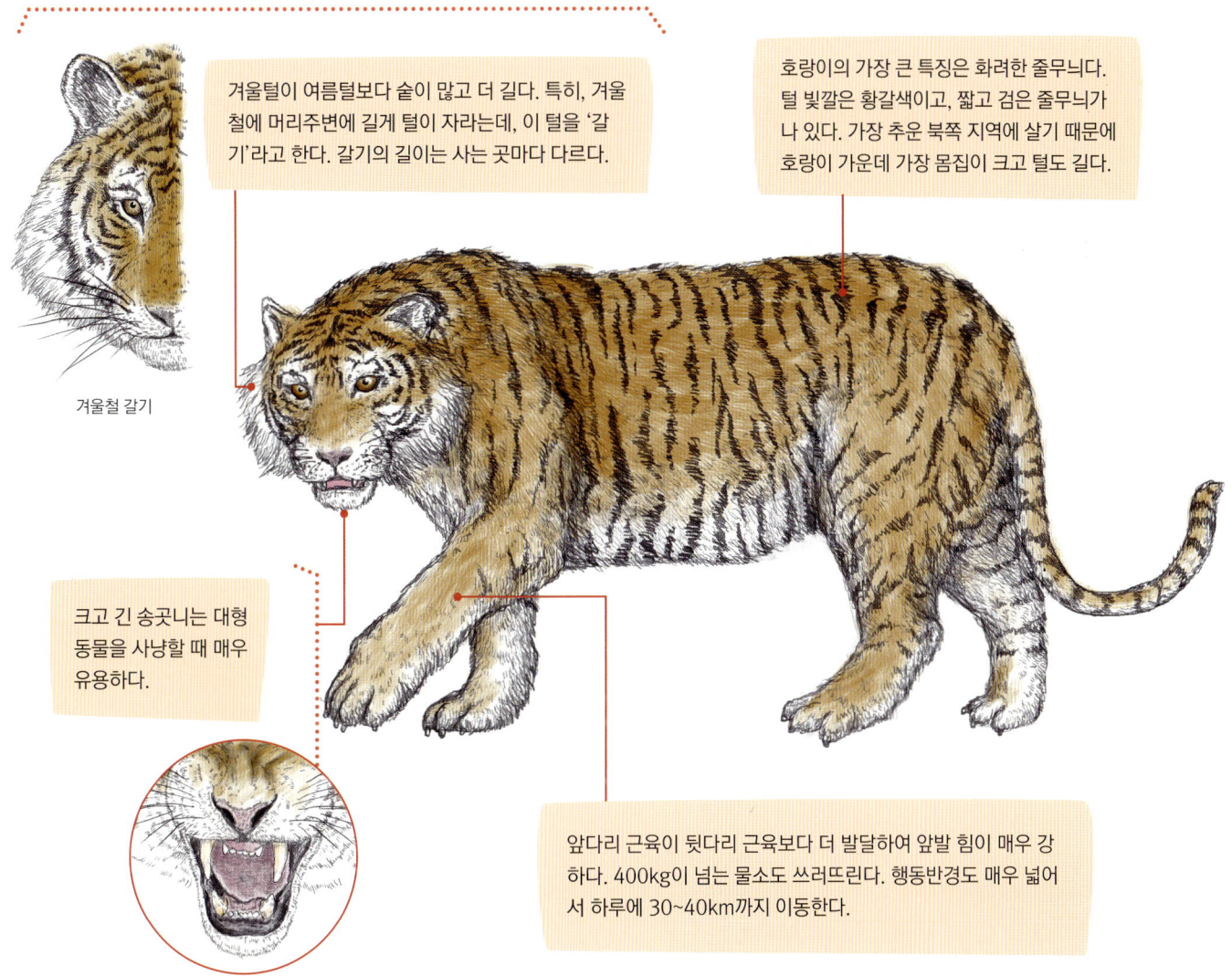

겨울털이 여름털보다 숱이 많고 더 길다. 특히, 겨울철에 머리주변에 길게 털이 자라는데, 이 털을 '갈기'라고 한다. 갈기의 길이는 사는 곳마다 다르다.

호랑이의 가장 큰 특징은 화려한 줄무늬다. 털 빛깔은 황갈색이고, 짧고 검은 줄무늬가 나 있다. 가장 추운 북쪽 지역에 살기 때문에 호랑이 가운데 가장 몸집이 크고 털도 길다.

겨울철 갈기

크고 긴 송곳니는 대형 동물을 사냥할 때 매우 유용하다.

앞다리 근육이 뒷다리 근육보다 더 발달하여 앞발 힘이 매우 강하다. 400kg이 넘는 물소도 쓰러뜨린다. 행동반경도 매우 넓어서 하루에 30~40km까지 이동한다.

⚡ '최강 동물' 호랑이의 천적은 누구?

'고양잇과 최강 동물'인 시베리아호랑이는 대부분 단독으로 생활해요. 행동 영역이 수컷이 약 1000km, 암컷이 약 400km로 아주 넓은 편이지요. 그러나 인간이 호랑이가 사는 숲을 빼앗고, 나무들을 마구 베어 내서 사는 곳이 점점 좁아졌어요. 또한, 독특한 문양의 가죽과 약(뼈와 뇌)을 얻으려고 밀렵*꾼들이 호랑이를 마구잡이로 사냥했지요. 이러한 무분별한 남획*으로 야생 시베리아호랑이는 현재 지구상에 500여 마리에 불과해요. 최근에는 서식지를 확보하고 밀렵을 금지하는 보호 활동으로 개체 수가 조금씩 늘고 있답니다. 시베리아 호랑이는 '아무르호랑이' 또는 '백두산호랑이'라고도 한답니다.

* 밀렵 : 법으로 금지한 장소나 계절에 동물을 몰래 사냥하는 것.
* 남획 : 자연적으로 늘어나는 동물의 수보다 더 많이 사냥하는 것.

타고난 사냥꾼, 고양잇과 맹수들!

사자

학명	*Panthera leo*
영어 이름	Lion
몸길이	2.5m
몸무게	250kg
서식지	아프리카, 중동, 인도의 초원이나 삼림

사자는 대부분 무리 지어 다니며 몸집이 큰 동물을 사냥한다. 한 무리는 1~4마리의 수컷과 열댓 마리의 암컷, 그리고 새끼로 이루어진다. 사냥은 주로 암컷이 담당하는데, 먹잇감이 크면 수컷이 나설 때도 있다.

치타

학명	*Acinonyx jubatus*
영어 이름	Cheetah
몸길이	150cm
몸무게	70kg
서식지	아프리카와 중동의 초원

치타는 다른 고양잇과 동물처럼 발톱을 숨기거나 세우지 못한다. 대신, 시속 120km가 넘는 최고의 달리기 속도를 자랑한다. 발톱은 미끄럼 방지 기능을 하며, 엄청난 속도로 달려가 날렵하게 먹잇감을 사냥한다.

스라소니

학명	*Lynx lynx*
영어 이름	Eurasian lynx
몸길이	130cm
몸무게	35kg
서식지	유라시아 대륙의 삼림

대형견 크기로 몸집이 크진 않지만, 멧돼지를 잡아먹기도 한다. 무분별한 개발로 서식지가 파괴되고, 구제* 활동과 모피를 얻으려는 밀렵으로 인해 개체 수가 급격히 줄었다.

*구제 : 사람에게 해를 끼치는 생물을 없애는 것.

사자의 갈기는 왜 있을까?

사자의 갈기가 어떤 용도인지 아직 정확히 밝혀진 사실은 없어요. 다만, 다음과 같은 두 가지 의견이 있답니다.

머리를 보호한다!

목덜미에 난 긴 갈기는 대부분 수컷 사자에게만 있어요. 따라서 갈기는 수컷끼리 대결하거나 적과 싸움을 벌일 때, 급소인 머리를 보호하기 위한 것이지요.

짙고 덥수룩한 갈기   보통 갈기

각각의 사자를 구별한다!

사람마다 생김새가 다른 것처럼, 갈기에 따라 각각의 생김새를 구별할 수 있어요. 사자의 갈기는 사는 지역이나 나이 등에 따라 그 모습이 다양해요. 털은 거무스름하거나 밝은 갈색이고, 갈기는 짧거나 덥수룩한 형태랍니다.

짧은 갈기

사람 잡아먹는 맹수

종종 호랑이나 사자 같은 맹수가 사람을 잡아먹기도 한다. 대개 야생에 사는 맹수가 사람을 공격한 경험이 있다면, 사람을 먹잇감으로 여기기 쉽다. 19세기, 네팔 및 인도에서 활동한 참파와트 호랑이는 무려 436명의 사람을 잡아먹었다고 한다.

포유류

점박이하이에나
Spotted hyena

분류	식육목 하이에나과
학명	*Crocuta crocuta*

이렇게 포악해!

강한 턱으로 뼈까지 와그작!

기본 정보	
최대 몸길이	170cm
최대 몸무게	85kg
서식지	사하라 사막 남쪽 아프리카 초원

점박이하이에나 서식지

무기 송곳니 발톱 힘 스피드 체력 기타

점박이하이에나의 놀라운 비밀

하이에나를 흔히 '비겁한 동물'의 대명사로 부르지만, 사실은 아주 민첩하고 영리한 사냥꾼이에요. 무리끼리 서로 배려하는 속 깊은 구석도 지녔지요.

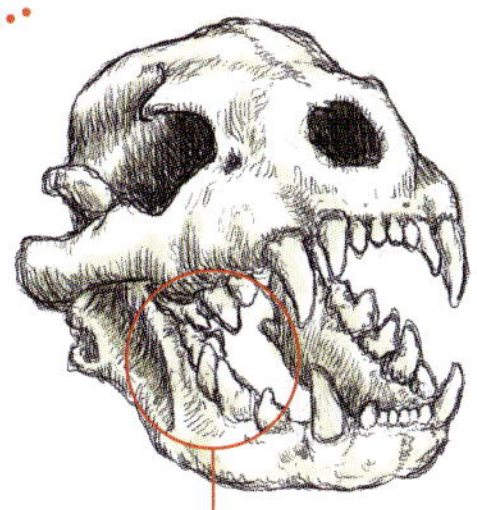

열육치*

고기를 가위처럼 자르는 '열육치'가 발달했다. 무는 힘이 사자보다 강해 다른 육식 동물이 못 먹는 뼈까지 씹어 먹는다.

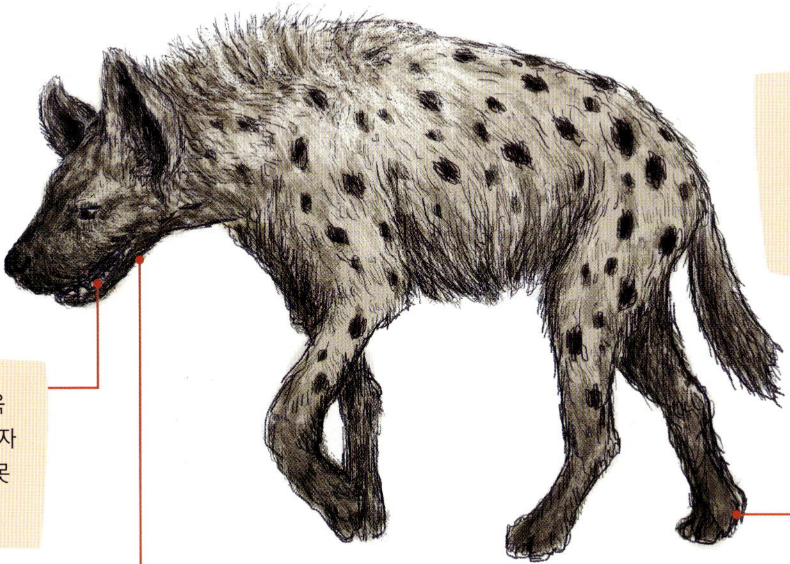

점박이하이에나는 마라톤 선수와 비슷하다. 최대 시속 60km 속도로 달릴 수 있지만, 일정한 속도를 유지하며 끝까지 사냥감을 쫓는다.

점박이하이에나는 무리끼리 다양한 울음소리로 의사소통을 한다. 주로 "끄애애야" 하는 기괴한 울음소리를 내는데, 어두운 곳에서 들으면 섬뜩한 웃음소리처럼 들린다.

갓 태어난 새끼의 털은 몸 전체가 거무스름하다가, 자라면서 점박이 무늬가 나타난다. 사람 머리카락이 하얗게 세듯이, 하이에나도 나이가 들면 털이 희끗희끗하게 변하고, 점박이 무늬는 점점 흐려진다.

⚡ 하이에나의 오해와 진실

하이에나는 4종류로, 점박이하이에나, 갈색하이에나, 줄무늬하이에나, 땅늑대가 있어요. 그 가운데 점박이하이에나가 가장 몸집이 크지요. 하이에나는 죽은 동물의 고기만 먹는다는 속설과는 달리, 뛰어난 사냥 솜씨로 주로 살아 있는 먹잇감을 잡아먹어요. 무리 안에서 암컷이 수컷보다 지위가 높으며, 우두머리도 암컷이 맡아요. 서열이 확실해 무모한 싸움 따위는 잘 일어나지 않지요. 오히려 다치거나 쇠약한 식구를 소외시키지 않고, 먹이를 챙겨 준답니다.

* 열육치 : 육식 동물이 사냥감인 고기를 자르는 날카로운 어금니.

인간과 하이에나가 함께 사는 도시

세계 유산으로 지정된 에티오피아의 도시 하라르. 이곳에 밤이 오면, 사람 대신 야생 하이에나가 온 동네를 어슬렁거리며 돌아다닌다. 하라르 사람들은 400년 넘게 하이에나를 악령을 내쫓는 신성한 동물로 여겼고, 지금까지 이들과 함께 살아간다. 밤마다 커다란 나무 아래에서 손질한 생고기를 하이에나에게 나눠 주는 의식을 치른다. 이 전통은 현재 하라르의 대표적인 관광 행사로 손꼽힌다.

포유류

라텔
Honey badger

분류	식육목 족제빗과
학명	*Mellivora capensis*

이렇게 포악해!

사자도 무서워하지 않는 용감함!

기본정보
- 최대 몸길이: 80cm
- 최대 몸무게: 15kg
- 서식지: 아프리카와 남아시아 건조 지역

무기: 송곳니 / **발톱** / 힘 / 스피드 / 체력 / **기타** …… 담력, 독에 강함

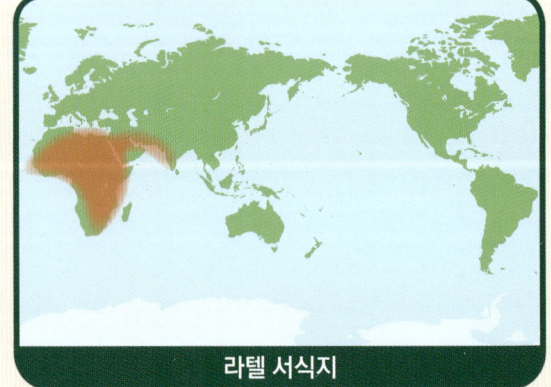

라텔 서식지

라텔의 놀라운 비밀

벌꿀을 아주 좋아하는 라텔은 앙증맞게 생겼어요. 하지만 성질이 몹시 사나워서 사자 같은 맹수도 겁내지 않고 달려든답니다.

라텔은 적이 다가오지 못하게 선명한 경고색을 띤다. 머리부터 등 쪽이 하얀 털이고, 얼굴부터 배 쪽이 까만 털로 스컹크와 비슷하다. 이것은 '가까이 오면 지독한 냄새를 뿜겠다'라는 경고의 표시이다.

등가죽이 매우 두꺼워 적이 물거나 공격해도 끄떡없다.

독성에 강하다. 맹독을 가진 코브라에게 물려도 잠시 기절했다가, 멀쩡하게 움직인다. 또, 피부가 두꺼워 벌침에 쏘여도 통증을 잘 느끼지 못한다.

'벌꿀오소리'라고 불릴 만큼 벌꿀을 매우 좋아한다. 라텔과 공생 관계*인 벌꿀길잡이새는 독특한 울음소리를 내며 라텔을 야생 벌집이 있는 곳으로 안내한다. 라텔이 땅속 벌집을 파내면, 벌꿀길잡이새와 함께 꿀을 나눠 먹는다.

앞발톱이 뒷발톱보다 강력해서 작은 동물을 사냥하거나, 굴을 파거나 나무를 탈 때 유리하다.

⚡ 세계에서 가장 겁 없는 동물

라텔은 작지만, 눈에 띄면 뭐든지 공격하는 사나운 성격으로, '세상에서 가장 겁이 없는 동물'이랍니다. 자기보다 덩치 큰 사자나 물소, 독사와 대결할 때도 한 발짝도 물러서지 않고 맞서 싸우지요. 라텔에겐 날카로운 송곳니와 발톱을 막아 내는 질긴 가죽과 굵은 털, 독에 강한 피부를 가졌기 때문이에요. 게다가 위협을 느끼면, 항문 근처에 있는 냄새샘(취선)에서 악취가 나는 액체를 내뿜기도 하지요.

*공생 관계 : 종류가 다른 생물이 서로 도움을 주며 함께 살아가는 것.

'작은 악마' 울버린

학명 : *Gulo gulo*
영어 이름 : Wolverine
몸길이 : 100cm
몸무게 : 30kg
서식지 : 유라시아 대륙과 북아메리카 북부 삼림

라텔과 같은 족제빗과 동물이다. 성격이 매우 사나워서 겁 없이 늑대나 불곰의 먹이를 가로채기도 한다. 또, 거대한 말코손바닥사슴(무스)도 물어뜯어 공격할 정도로 포악해 '작은 악마'라고도 불린다.

포유류

작은인도몽구스 Small Indian mongoose

분류	식육목 몽구스과
학명	*Herpestes auropunctatus*

이렇게 포악해!

맹독에도 끄떡없어!

기본 정보
- 최대 몸길이: 35cm
- 최대 몸무게: 1kg
- 서식지: 동남아시아와 남아시아 삼림과 초원

작은인도몽구스 서식지

무기 송곳니 발톱 힘 스피드 체력  기타 ···· 독에 강함

작은인도몽구스의 놀라운 비밀

일본에서는 독사와 쥐를 없애려고 작은인도몽구스를 다른 나라에서 들여왔어요. 그런데 오히려 토종 생물을 잡아먹어서 생태계에 혼란만 일으켰지요.

작고 날카로운 송곳니로 먹잇감을 뜯어 먹는다.

우리나라는 생태계의 교란을 일으킬 위험이 있는 외래 생물을 '위해 우려종*'으로 지정하여 관리하고 있다. 작은인도몽구스도 2015년 위해 우려종으로 지정됐다.

몸이 가늘고 다리가 짧아서 재빠르게 움직인다.

암수 모두 항문 가까이에 냄새샘이 있어서 적이 공격하면, 지독한 냄새를 내뿜는다.

⚡ 인간에게 버림받은 슬픈 동물

아시아에 넓게 서식하는 작은인도몽구스는 원래 일본에는 살지 않는 동물이에요. 그런데 일본 오키나와에 서식하는 맹독을 지닌 반시뱀과 농작물에 피해를 끼치는 쥐를 퇴치하려고, 일본 정부가 작은인도몽구스를 들여왔어요. 그런데 반시뱀이나 쥐를 잡아먹기는커녕 도마뱀과 작은 새 등 그 지역의 고유종*과 멸종 위기종*을 닥치는 대로 잡아먹었어요. 오히려 작은인도몽구스가 농작물을 먹어치우는 피해도 발생했지요. 현재 작은인도몽구스는 일본에서 생태계를 교란시키는 퇴치 대상이 되었다고 해요. 안타깝게도 인간의 그릇된 행동으로 죄 없는 동물만 희생당하는 꼴이 되고 말았지요.

* 위해 우려종: '생물다양성 보전 및 이용에 관한 법률'에 따라 국내에 유입될 경우, 생태계 등에 피해를 끼칠 우려가 있는 생물.
* 고유종: 어느 한 지역에만 있는 생물.
* 멸종 위기종: 개체 수가 줄어들어 멸종 우려가 있는 생물.

아프리카에 사는 몽구스 친구, 미어캣

학명 : *Suricata suricatta*
영어 이름 : Meerkat
몸길이 : 30cm
몸무게 : 1kg
서식지 : 아프리카 남부의 초원

최근 반려동물로 키우는 미어캣은 사람을 잘 따르지만, 원래 성격은 매우 사납다. 특히, 뱀이나 전갈 등 위험한 동물을 공격할 수 있으니, 키울 때 세심한 주의가 필요하다.

포유류

얼룩무늬물범 Leopard seal

분류	식육목 물범과
학명	*Hydrurga leptonyx*

이렇게 포악해!

귀여운 펭귄도 한 입 거리!

기본 정보
- 최대 몸길이: 3.5m
- 최대 몸무게: 450kg
- 서식지: 남극 대륙과 주변 바다

얼룩무늬물범 서식지

무기:  송곳니 발톱 힘 스피드 체력 기타

얼룩무늬물범의 놀라운 비밀

얼룩무늬물범은 '남극의 무법자'로 불릴 만큼 물범 가운데 가장 힘이 세요. 무서운 맹수지만, 호기심이 많아서 잠수부와 장난을 치기도 한답니다.

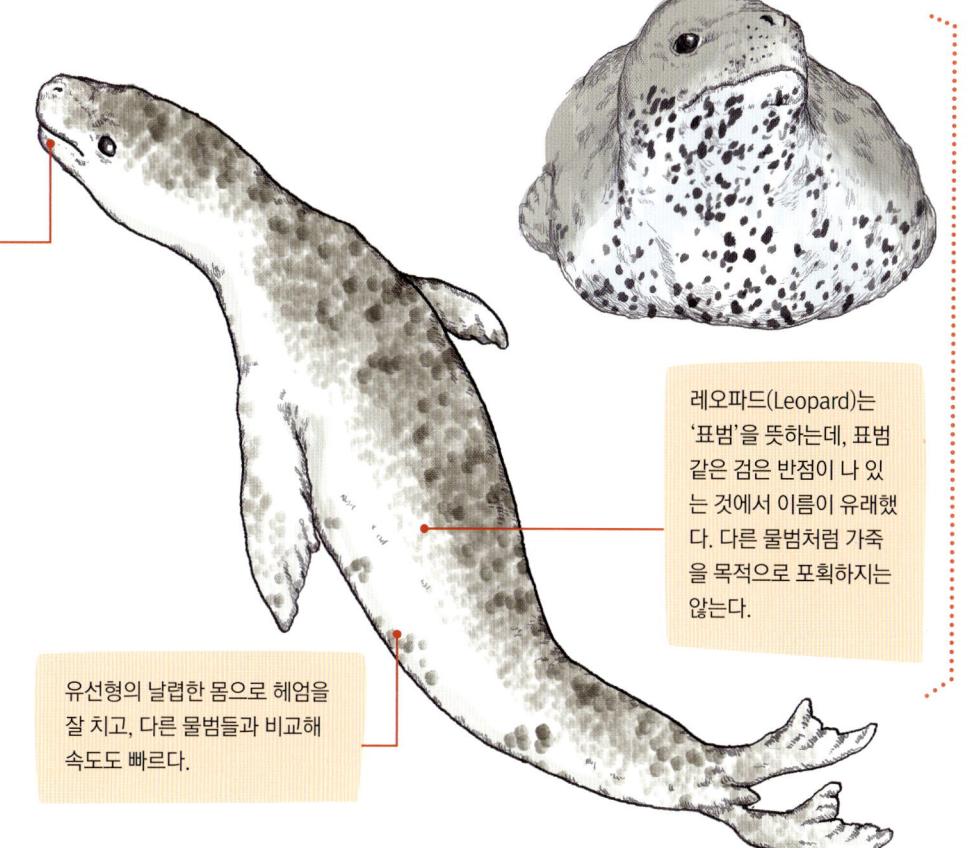

큰 머리와 강력한 턱, 날카로운 송곳니가 있다. 주로 펭귄을 한입에 덥석 잡아먹는데, 입 크기가 120°까지 벌어진다.

유선형의 날렵한 몸으로 헤엄을 잘 치고, 다른 물범들과 비교해 속도도 빠르다.

레오파드(Leopard)는 '표범'을 뜻하는데, 표범 같은 검은 반점이 나 있는 것에서 이름이 유래했다. 다른 물범처럼 가죽을 목적으로 포획하지는 않는다.

⚡ 호기심 많은 남극의 맹수

얼룩무늬물범은 다른 물범과는 달리 자기 영역이 확실하고, 무리가 아닌 단독으로 생활해요. 성격이 포악해 '바다의 포식자', '바다의 맹수'라고도 부르지요. 지능이 꽤 높아서 펭귄을 사냥하려고 얼음 밑을 재빠르게 앞지른 다음, 숨어 있다가 순식간에 낚아챈답니다. 한 탐험가도 얼음 위를 걷다가 공격당한 적도 있어요. 호기심이 많아서 촬영하는 카메라를 엿보거나 잠수부와 함께 헤엄도 친답니다.

남극에서 가장 덩치 큰, 남방코끼리물범

학명 : *Mirounga leonina*
영어 이름 : Southern elephant seal
몸길이 : 5m
몸무게 : 5t
서식지 : 남극 대륙과 주변 바다

북방코끼리물범과 함께 물범 중 몸집이 가장 크다. 수컷의 코가 코끼리처럼 길게 늘어나는 것에서 이름이 유래했다. 바다에서 겨울을 보낸 뒤, 짝짓기 철에만 육지로 올라와 수컷 한 마리가 암컷 수십 마리와 무리를 이루며 산다. 이때 암컷 무리를 두고 수컷끼리 서로 물어뜯는 살벌한 대결을 벌이는데, 한쪽이 숨을 거둘 때까지 싸움은 계속된다.

남미수리 Harpy eagle

조류

분류	매목 수릿과
학명	*Harpia harpyja*

이렇게 포악해!

무거운 나무늘보도 단숨에 낚아채 사냥!

기본 정보

- **최대 몸길이** 100cm(날개 편 길이* 2m)
- **최대 몸무게** 9kg
- **서식지** 중앙아메리카와 남아메리카 삼림

남미수리 서식지

무기  송곳니 발톱 힘 스피드 체력 기타

* 양쪽 날개를 펼친 상태에서 측정한 길이.

남미수리의 놀라운 비밀

세계에서 가장 크고 무서운 새로, 커다란 동물도 순식간에 낚아채는 '사냥의 명수'예요. 하지만 한 번 맺은 짝과는 평생 함께하는 다정한 면도 있답니다.

무분별한 벌목으로 열대우림이 파괴되어 개체 수가 급격히 줄어났다. 세계 멸종 위기 야생 동물이다.

적을 만나거나 흥분하면, 머리 위에 뿔처럼 난 '장식깃'을 부채처럼 활짝 펼친다.

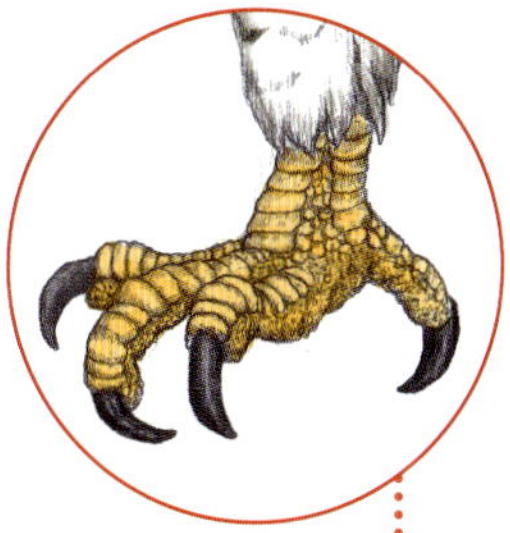

덩치뿐만 아니라 신체 능력도 뛰어나다. 시속 80km 속도로 날아가 사냥감을 쫓는다.

13cm 넘는 날카로운 갈고리발톱과 100kg 이상을 잡아 올리는 강한 발가락 힘으로, 원숭이나 나무늘보 등을 순식간에 나무 위에서 낚아챈다. 여성의 손목 굵기만 한 발목으로 어마어마한 힘을 견뎌 낸다.

⚡ 정성껏 새끼를 돌보는 남미수리 부부

독수리 중 가장 크고 강력한 발톱을 지닌 남미수리는 '부채머리수리', '하피이글'이라고도 해요. 2~3년에 한 번 짝짓기를 하고, 2개의 알을 낳지만 대개 한 마리만 품어 기르지요. 나무 위에 지은 둥지에서 암컷이 새끼를 정성껏 돌보면, 수컷이 열심히 먹잇감을 물어 날라요. 이렇게 꼬박 6개월 넘게 새끼를 돌보더라도, 새끼가 혼자 사냥하려면 2년이나 더 걸린다고 해요. 울창한 밀림에만 사는 남미수리는 안타깝게도 인간의 무분별한 개발로 그들의 터전을 점점 잃어 가고 있답니다.

아프리카 대형 독수리, 관뿔매

학명 : *Stephanoaetus coronatus*
영어 이름 : African Crowned Eagle
전체 길이 : 90cm
몸무게 : 4.5kg
서식지 : 아프리카 남부의 밀림

아프리카 사람들은 관뿔매를 '하늘을 나는 표범'이라고 부른다. 평소에는 작은 사슴을 잡아먹지만, 종종 맨드릴개코원숭이처럼 몸집이 크고 무거운 동물을 공격할 때도 있다.

파충류

그물무늬비단뱀
Reticulated python

분류	뱀목 보아과
학명	*Python reticulatus*

이렇게 포악해!

돼지를 한입에 꿀꺽! 심지어 사람도……

기본 정보
- 최대 몸길이: 7.5m
- 최대 몸무게: 150kg
- 서식지: 남아시아와 동남아시아 삼림

그물무늬비단뱀 서식지

무기
 송곳니 발톱 힘 스피드 체력 기타

그물무늬비단뱀의 놀라운 비밀

그물무늬비단뱀은 세계에서 가장 긴 뱀이에요. 사람도 잡아먹는 맹수지만, 맹독이 없고, 독특한 무늬가 있어서 애완동물로 기르는 사람도 있답니다.

위턱뼈와 아래턱뼈가 분리된다. 아래턱 양옆이 자유자재로 벌어져서 큰 먹이도 한꺼번에 삼킬 수 있다.

피트 기관

입 근처에 열을 느끼는 피트 기관*이 있다. 이 기관으로 미세한 온도 변화를 감지해 어두운 곳에서도 먹잇감을 정확하게 찾아낸다.

몸무게가 100kg 넘는 개체도 있다. 온몸이 근육으로 이루어져 있어 나무도 쉽게 오른다. 조이는 힘도 무척 강해서, 몸길이가 4m 넘는 그물무늬비단뱀이 성인 남자를 몸으로 조이면 혼자 빠져나오기 힘들 정도이다.

환경 적응 능력이 뛰어나 물이 있는 따뜻한 곳이라면 어디든지 산다. 태국에서 수로에 사는 그물무늬비단뱀에게 개와 고양이가 공격당한 사례도 있다.

⚡ 그물무늬비단뱀의 두 얼굴

현존하는 '세상에서 가장 긴 뱀'은 바로 남아시아 및 동남아시아에 서식하는 그물무늬비단뱀이에요. 잡힌 것 중에는 몸길이 7.67m가 가장 길며, 야생에서는 9m가 넘기도 하지요. 드물긴 하지만, 사람을 칭칭 감아 질식시킨 뒤, 한입에 삼킨 일도 있었답니다.

이렇게 무시무시한 동물이지만, 맹독이 없고, 몸 색깔과 무늬가 매력적이어서 애완동물로 키우거나 인공 번식을 하는 사람들도 있어요. 단, 멸종 위기종이므로 사고팔 때 반드시 신고해야 하며 일정 수준의 사육장을 갖춰야 합니다.

* 피트 기관 : 자외선 감지 기관으로, 미세한 온도를 측정한다. 주로 먹이를 사냥할 때 사용하는데, 이 기관은 비단뱀과, 보아과에 있으며, 살무삿과 일부에도 있다.

지구상 최강 뱀은 누구?

아프리카락파이톤

학명	*Python sebae*
영어 이름	African rock python
몸길이	5m
몸무게	60kg
서식지	사하라 사막 남쪽의 아프리카 삼림

아프리카락파이톤은 아프리카에서 가장 큰 뱀으로, 성격이 사나워서 다루기가 무척 까다롭다. 가끔 표범이나 악어를 한입에 삼키기도 한다. '아프리카비단구렁이'라고도 한다.

그린아나콘다

학명	*Eunectes murinus*
영어 이름	Green anaconda
몸길이	6m
몸무게	120kg
서식지	남아메리카 북부 습지

세계에서 가장 긴 뱀이 그물무늬비단뱀이라면, 세계에서 가장 거대한 뱀은 그린아나콘다이다. 그물무늬비단뱀보다 몸통이 훨씬 두껍고 몸무게도 더 많이 나간다. 대부분 물속에서 생활하며 하마, 악어 등을 닥치는 대로 잡아먹는다. '뱀들의 왕', '아마존의 괴물'로 불릴 만큼 무서운 녀석이다.

 10미터가 넘는 뱀이 있다고? 어마어마하게 긴 뱀은 몇 미터나 될까?

'2016년 브라질에서 10m 길이의 그린아나콘다가 발견됐다'라는 기사처럼, 그린아나콘다에 관한 목격담은 제법 많아요. 그러나 정확한 정보라고 보기는 어려워요. 대부분 몸길이를 부풀리거나 야생에서는 정확한 측정이 어렵기 때문이에요. 몸길이가 9m인 뱀조차 정확하지 않지요. 그러나 거의 모든 뱀은 평생 허물을 벗으며 몸이 자라기 때문에 밀림에 10m 넘는 뱀이 충분히 존재할 수 있어요. 다만, 사람 눈에 띄지 않을 뿐이지요.

뱀은 왜 발이 없을까?

 처음에는 뱀도 도마뱀처럼 다리가 있었어요. 왜 지금은 없냐고요?
오랜 시간에 걸쳐 서서히 사라졌지요. 하지만 그 흔적을 찾을 수 있답니다.

그물무늬비단뱀의 발의 흔적

뱀은 도마뱀과 같은 조상에서 갈라져 나왔어요. 그런데 진화 과정을 거쳐 점차 발 없이 배 근육으로 기어가는 오늘날의 모습으로 발달했지요. 그런데 비단뱀이나 보아뱀은 도마뱀과 한 조상이었음을 증명하는 다리 흔적이 지금도 남아 있어요. 배에 있는 '총배설강'이라는 구멍 양옆에 손톱처럼 생긴 작은 돌기 한 쌍이 그것이랍니다. 이 돌기는 수컷이 암컷보다 더 크고, 짝짓기 때만 움직인다고 해요. 뱀뿐만 아니라 다른 동물에게도 이런 진화의 흔적이 남아 있어요. 이것은 생물이 어느 날 갑자기 지구에 나타난 게 아니라, 오랜 시간에 걸쳐 다양한 모습으로 진화했다는 사실을 증명하는 것이랍니다.

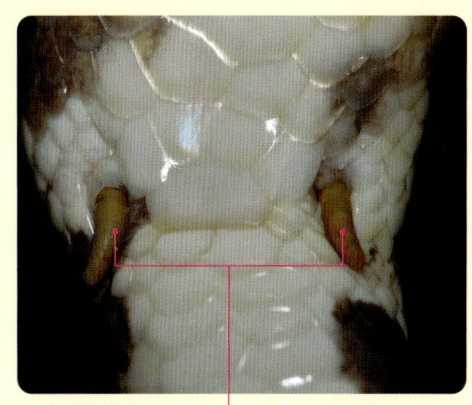

▲ 다리 흔적으로 남아 있는 돌기

뱀처럼 발 없는 동물이 또 있다고?

'무족도마뱀'은 뱀처럼 진화 과정에서 다리가 없어졌어요. "발이 없으면 뱀이지!"라고 생각하겠지만, 도마뱀과 뱀의 차이는 다리가 있고 없음으로 구분하진 않아요. 도마뱀과 뱀을 구분하는 특징은 크게 두 가지가 있어요. 하나는 도마뱀은 눈꺼풀과 귓구멍이 있지만, 뱀은 눈꺼풀과 귓구멍이 없어요. 그래서 뱀은 눈을 깜빡이거나, 소리를 듣지 못해요. 또, 도마뱀은 위협을 느끼면 스스로 꼬리를 자르고 도망가지만, 뱀은 꼬리를 자르지 않지요.

파충류

바다악어 Saltwater crocodile

분류	악어목 크로커다일과
학명	*Crocodylus porosus*

이렇게 포악해!

사냥감을 꽉 악 물어 물속으로!

기본 정보
- 최대 몸길이: 7m
- 최대 몸무게: 1t
- 서식지: 동남아시아와 오스트레일리아 북부 하천

| 무기 | 송곳니 | 발톱 | 힘 | 스피드 | 체력 | 기타 |

바다악어 서식지

34

바다악어의 놀라운 비밀

바다악어는 지구상 현존하는 파충류 가운데 가장 덩치가 크고 힘이 세요. 강과 호수뿐만 아니라 바다에서도 살 수 있답니다.

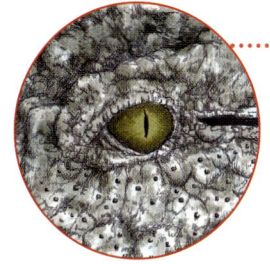

물 위로 눈만 내놓고, 육지에 사는 먹잇감을 찾는다. 세로로 긴 눈동자는 수면에 반사된 빛을 차단한다.

파충류는 주기적으로 탈피*를 하는데, 파충류마다 탈피 형태는 각각 다르다. 뱀은 한꺼번에 완전히 허물을 벗지만, 악어나 거북은 허물이 군데군데 벗겨진다. 바다악어의 몸통은 갑옷처럼 딱딱한 비늘로 덮여 있는데, 케라틴을 포함한 피부 바깥층이 부슬부슬 떨어진다.

지구상 가장 강력한 턱 힘을 자랑한다. 무는 힘이 무려 1t을 넘는다. 티라노사우루스보다 턱 힘이 세다는 주장도 있다. 하지만, 벌리는 힘은 약해서 테이프로 칭칭 감으면, 입을 잘 벌리지 못한다.

꼬리 힘이 매우 강력하다. 긴 꼬리는 공룡처럼 허벅지와 꼬리를 잇는 근육이 매우 발달하여, 수백 kg에 이르는 자신의 몸을 수직으로 날린다. 이 놀라운 추진력으로 먹잇감이나 상대를 거세게 공격한다.

⚡ 바다악어가 바다에 출몰?

바다악어는 민물뿐만 아니라 강과 바닷물이 만나는 곳이나 바다에도 살 수 있어요. 이것은 짠 바닷물에서 견딜 수 있는 염류샘*을 가지고 있기 때문이에요. 바다악어는 바다를 따라 섬 사이를 이동하는데, 해안가에 출몰할 때도 있답니다. 바다악어는 현존하는 파충류 중 가장 덩치가 커서 6.17m에 이르는 바다악어가 기네스북에 오르기도 했지요. 수컷은 7m가 넘게 자라고, 몸무게가 무려 1t이 넘는다고 해요. 10m가 넘는 바다악어를 목격했다고 주장하는 사람도 있지요. 바다악어는 지능이 매우 뛰어나고, 악어끼리 다양한 소리로 의사소통을 한답니다.

* 탈피: 단백질 성분인 케라틴이 피부 바깥층에 덮여 있다가, 주기적으로 반복해 벗겨지는 현상.
* 염류샘 : 과다한 염분을 배출하기 위한 기관으로, 바다에 사는 조류, 파충류, 연골어류 따위에 있다. '소금샘'이라고도 한다.

주둥이로 보는 악어 구별법!

4번째 이빨 보임.

크로커다일과
주둥이를 다물면, 아래턱 4번째 이빨이 나온다.

4번째 이빨 안 보임.

엘리게이터과
주둥이를 다물면, 아래턱 4번째 이빨이 안 보인다.

코끝이 볼록 나옴.

가비알아과
주둥이가 가늘어서 물고기를 잡아먹기 좋다.

파충류

코모도왕도마뱀
Komodo dragon

분류	뱀목 왕도마뱀과
학명	*Varanus komodoensis*

이렇게 포악해!

동족도 잡아먹는 무지막지한 공포의 포식자!

기본 정보
- 최대 몸길이: 3m
- 최대 몸무게: 120kg
- 서식지: 인도네시아 코모도섬과 그 주변 섬

코모도왕도마뱀 서식지

무기
 송곳니
 발톱
 힘
 스피드
 체력
 기타 ···· 맹독

코모도왕도마뱀의 놀라운 비밀

지구상 가장 큰 도마뱀인 코모도왕도마뱀은 물소처럼 대형 포유류를 잡아먹는 무시무시한 녀석이에요. 놀랍게도 짝짓기를 하지 않고, 암컷 혼자 알을 낳아 자손을 이어갈 수 있답니다.

코모도왕도마뱀의 침에는 치명적인 출혈독이 있다. 예전에는 코모도왕도마뱀이 먹잇감을 물면, 입안의 세균이 상처에 번져 패혈증*으로 죽는다고 여겼다. 그러나 최근 이빨 사이의 독샘에서 헤모톡신*이라는 물질이 나와 피를 멈추지 않게 하여, 먹잇감이 서서히 죽게 된다는 사실을 밝혀냈다.

피부가 신축성이 강하고, 매우 질기다. 딱딱한 비늘이 온몸을 갑옷처럼 감싸고 있다.

새끼 때는 위험을 피해 주로 나무 위에서 생활하며, 곤충을 잡아먹는다. 긴 발톱은 나무에 오르기 쉽고, 먹이를 정확하게 움켜쥐는 데 쓸모가 있다.

꼬리는 납작하고 매우 두툼하다. 채찍처럼 유연하게 잘 휘어서, 적을 공격하거나 헤엄칠 때 유리하다.

⚡ 살아있는 용의 화석, 코모도드래곤

주로 인도네시아 동쪽 끝 코모도섬에 서식하는 코모도왕도마뱀은 지구상에 5천여 마리 중 2,500여 마리가 코모도섬에 살고 있어요. 코모도왕도마뱀은 '코모도드래곤'이라고도 하며, '공포의 포식자'로 모든 생물에게 가장 두려운 존재랍니다. 특히 덩치가 큰 사냥감을 며칠 동안 끈질기게 쫓는데, 코모도왕도마뱀에게 한 번 물리면, 치명적인 독이 몸 안에 퍼져 온몸에 피가 빠져나가면서 천천히 죽는다고 해요.

* 패혈증 : 세균이 온몸에 퍼져 내장 등을 망가뜨리는 증상.
* 헤모톡신 : 피가 멈추지 않는 물질.

암컷 혼자서 새끼를 낳는다?

보통 코모도왕도마뱀은 수컷과 암컷이 짝짓기한 뒤, 두 달 후에 알을 낳는다. 그런데 수컷을 만난 적이 없거나 아예 짝짓기하지 않은 암컷이 혼자서 알을 낳아, 새끼가 태어나기도 한다. 이처럼 암컷 스스로 유전자를 자기 복제하여 수정하는 것을 '단위 생식'이라고 한다. 단위 생식으로 태어난 새끼는 모두 수컷이다. 단위 생식이 발생하는 정확한 원인은 아직 밝혀지지 않았다. 단위 생식은 파충류 외에도 무척추동물, 어류, 양서류 일부에서도 일어난다.

단위 생식을 하는 파충류	
뱀류	그물무늬비단뱀, 늪살무사, 코퍼헤드
도마뱀류	코모도왕도마뱀, 모어닝게코

파충류

악어거북
Alligator snapping turtle

분류	거북목 늑대거북과
학명	*Macrochelys temminckii*

이렇게 포악해!

갈고리 입으로 갈기갈기 찢어 버려!

무기 | 송곳니 | 발톱 | **힘** | 스피드 | 체력 | 기타

기본 정보
- 최대 몸길이: 100cm
- 최대 몸무게: 110kg
- 서식지: 북아메리카 남동부의 유속이 느린 하천, 호수와 늪지대

악어거북 서식지

악어거북의 놀라운 비밀

악어처럼 강력한 턱 힘을 가진 악어거북은 주로 물속에서 다양한 생물을 잡아먹어요. 그런데 악어거북을 호기심으로 키우다가 내다 버리는 안타까운 일도 종종 일어난답니다.

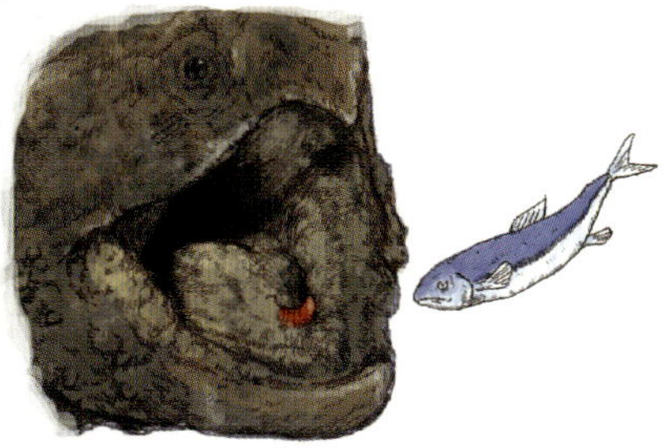

등딱지가 삼각뿔 모양이다. 가장 높은 부분이 추갑판이며, 양옆으로 늑갑판, 연갑판이 나 있다. 추갑판과 늑갑판 사이에는 세 개의 용골*이 있다.

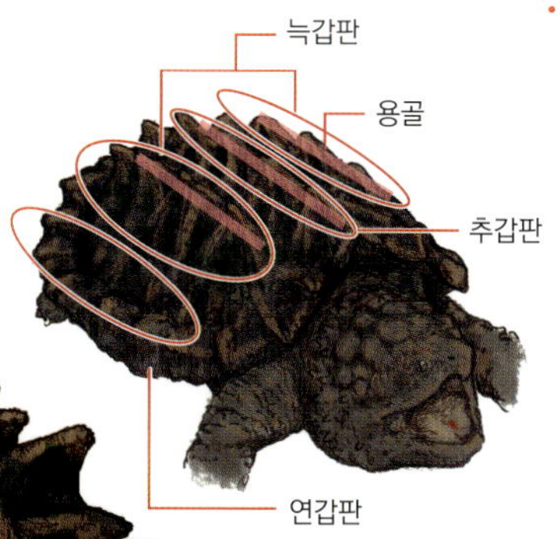

꿈틀대는 미끼처럼 생긴 작은 분홍색 혀로 물고기를 유인한다. 강력한 턱과 갈고리 모양 입으로 먹잇감을 절대 놓치지 않는다.

날카로운 발톱으로 알 낳을 구멍을 판다. 물갈퀴가 있어서 큰 덩치에도 헤엄을 잘 친다.

악어거북과 늑대거북은 물 밑을 기어다니며 먹이를 찾는다. 북아메리카에서는 악어거북이나 늑대거북을 호수나 늪에 일부러 풀어놓고, 실종된 시체를 찾기도 한다.

도시에 출몰하는 공포의 악어거북

악어거북은 지구상 가장 큰 민물거북으로, 다 자라면 몸길이가 100cm를 넘고 몸무게가 최대 100kg에 이른다고 해요. 일본에서는 예전부터 인기가 많아서 애완동물로 많이 키웠으나, 감당할 수 없을 만큼 덩치가 크고, 사나워서 강가에 내버리는 경우가 많다고 해요. 우리나라 광주호 근처에서도 발견되어 화제를 모았지요. 이렇게 버려진 악어거북은 토종 생물에 영향을 미치거나 사람을 해칠 수 있답니다. 인간의 무책임한 행동으로 애꿎은 악어거북만 희생을 당한 셈이지요.

* 용골 : 등딱지에 솟은 힘줄.

위험한 생물을 기르고 싶다면?

악어거북처럼 위험한 동물을 기르려면, 반드시 사육 허가 절차를 거쳐야 한다. 또한, 함부로 자연 방사해서는 안 되며, 무엇보다 사람에게 피해를 끼치지 않도록 각별히 조심해야 한다. 한 번 사람을 문 악어거북은 이후에도 사람에게 공격적인 성향으로 변할 수 있다. 이처럼 위험한 생물을 단순한 호기심으로 기르는 것은 인간과 동물 모두에게 이롭지 않다.

어류

황소상어 Bull shark

분류	흉상어목 흉상엇과
학명	*Carcharhinus leucas*

이렇게 포악해!

백상아리보다 작지만 공격성은 세계 최강급!

기본 정보
- 최대 몸길이: 4m
- 최대 몸무게: 300kg
- 서식지: 세계 온열대 해안과 하천

무기
 송곳니 발톱 힘 스피드 체력 기타

황소상어 서식지

황소상어의 놀라운 비밀

지구상 최고로 포악한 황소상어는 '식인상어' 중 가장 공격성이 강해요. 환경 적응 능력이 매우 뛰어나서 민물에서도 살 수 있지요.

후각이 매우 발달하여 수백m 떨어진 피 한 방울까지 냄새를 맡는다.

상어는 크게 2가지 방식으로 숨을 쉰다. ① 입을 벌린 채, 계속 헤엄치며 숨을 쉬거나(램 환수 방식) ② 헤엄치지 않고도 숨을 쉬는 방식(아가미 호흡)이다. 대부분 상어는 ② 방식인 아가미 호흡을 하지만, 황소상어는 ① 방식으로 계속 헤엄쳐서 호흡한다.

톱날 모양의 날카로운 이빨로 큰 먹잇감을 손쉽게 물어뜯을 수 있다. 이빨이 빠져도 바로 대체 가능한 여분의 이빨이 여러 겹 나 있다. 무는 힘이 무려 500kg 이상으로 상어 중 가장 강력하다.

얼핏 보면, 피부 표면이 매끄러워 보이지만, 실제로는 수많은 돌기가 몸 전체를 덮고 있다. 이 돌기는 빠른 속도로 헤엄치는 데 유리하다. 특히, 황소상어 가죽은 쇠붙이를 깎는 강철 연장(줄)처럼 꺼끌꺼끌해서 일본에서는 고추냉이 강판으로 이용한다.

⚡ 바다와 강을 오가는 황소상어

온대와 열대 연안에 넓게 서식하는 황소상어는 영어 이름인 'bull shark(황소+상어)'를 그대로 옮긴 이름이에요. 이름 만보아도 아주 크고 포악하다는 걸 쉽게 짐작할 수 있지요. 환경 적응 능력이 뛰어나 바다에서 수천 km 떨어진 강으로 거슬러 올라오기도 해요. 엉뚱하게도 바다와 동떨어진 호수에서 발견되기도 하지요. 황소상어가 넓은 바다를 두고, 왜 굳이 강으로 올라오는지 정확하게 밝혀진 사실은 없어요. 다만, 더 많은 새끼들이 살아남도록 천적이 드문 강을 선택한 것으로 보는 견해가 많답니다. 강을 거슬러 올라온 황소상어는 하마나 바다악어와 혈투를 벌이기도 해요. 따라서 인간과 마주칠 가능성도 아주 크지요.

사람처럼 새끼를 낳는다고?

황소상어는 배 속에서 알을 부화시키는데, 새끼 상어가 바깥으로 나오기까지 10달 정도가 걸린다. 사람의 탄생 기간과 비슷한 셈이다. 새끼를 낳는 방법은 상어 종류마다 다양하다. 황소상어처럼 알을 낳아 배 속에서 키우거나(난태생), 대부분 물고기처럼 바깥에 알을 낳기도 한다(난생). 또한, 포유류와 비슷한 방식으로 낳기도 한다(태생).

어류

엘리게이터가아 Alligator gar

분류	레피소스테우스목 레피소스테우스과
학명	*Atractosteus spatula*

이렇게 포악해!

몰래 다가가 잽싸게 꽉!

기본 정보	최대 몸길이	3m
	최대 몸무게	150kg
	서식지	북아메리카 남동부 유속이 완만한 하천과 호수

엘리게이터가아 서식지

무기 송곳니 발톱 힘 스피드 체력 기타

엘리게이터가아의 놀라운 비밀

악어를 쏙 빼닮은 물고기, 엘리게이터가아는 성장 속도가 매우 빨라 하루에 2mm씩 자라는데, 최대 3m까지 자란다고 해요. 무서운 외모와는 달리, 성격은 온순한 편이랍니다.

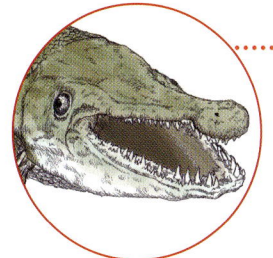

주둥이 끝을 수면 위로 내놓고 폐 호흡*을 한다. 사냥법도 악어와 비슷하다. 악어처럼 생긴 가늘고 긴 주둥이로 순식간에 물고기를 낚아챈다.

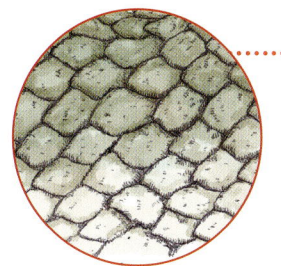

갑옷처럼 딱딱한 마름모꼴 '경린비늘'이 온몸을 감싸고 있다. 식용으로 먹기도 하는데, 부엌칼이 튕길 정도로 비늘이 매우 두꺼워서 손질이 어렵다.

주둥이 끝부분이 매우 단단하다. 위아래로 날카로운 이빨이 겹겹이 나 있어서, 먹잇감이 절대 빠져나갈 수 없다.

가아 종류의 물고기알에는 독이 있는데, 이것은 알을 노리는 천적을 피하려는 것으로 짐작된다.

⚡ 악어 닮은 물고기 '엘리게이터가아'의 오해와 진실

엘리게이터가아는 공룡이 살았던 시대부터 지금까지 모습이 거의 바뀌지 않은 '고대어'랍니다. 엘리게이터가아를 '살아있는 화석'이라고 부르는 것도 바로 이 때문이지요. 가아 종류의 물고기는 머리가 악어처럼 생겼으며, 물속에서 아가미 호흡을 하고, 물밖에서 공기 호흡을 번갈아 가며 해요. 최대 3m까지 자라는 엘리게이터가아는 가아 종류 중 가장 크게 자라요. 생김새만 보면, 악어처럼 난폭할 것 같지만, 실제로는 사람을 먼저 공격하는 일은 거의 없답니다.

* 폐 호흡 : 대부분 물고기는 아가미로 물속에서 산소를 얻어 호흡한다. 엘리게이터가아와 같은 레피소스테우스목은 아가미 호흡과 함께 폐 역할을 하는 부레를 이용해 공기 호흡을 병행해야 생존이 가능하다.
* 생태계 교란 생물 : 생태계 교란을 일으키거나 교란을 일으킬 우려가 있는 야생동물.

우리나라에 정착한 외래종

우리나라에서 엘리게이터가아는 생태계 교란을 일으킬 우려가 있는 위해 우려종이다. 위해 우려종을 수입하거나 국내로 가지고 오려면, 환경부 장관의 승인 절차를 거쳐야 하며, 함부로 방생할 수 없다. 위해 우려종에 속하는 어종은 피라니아, 엘리게이터가아, 레드테일캣피시, 레드파쿠, 마블가재, 아프리카발톱개구리, 머레이코드 등이 있다. 또, 우리나라에 정착한 외래종 중 생태계 교란 생물*로 지정된 사례는 다음과 같다.

개체	수입 시기	목적	서식지
황소개구리	1971년	식용	하천 및 고인 물가
큰입우럭(큰입배스)	1973년	자원 조성, 식용	저수지 및 하천
뉴트리아	1985년	식용, 모피	전 지역
붉은귀거북	1980년 후반	애완용, 방생용	호수 및 저수지

어류

전기뱀장어 Electric eel

분류	잉어목 전기뱀장엇과
학명	*Electrophorus electricus*

(사진 제공 : 도바 수족관)

이렇게 포악해!

말도 감전시키는 860볼트의 위력!

기본 정보		
	최대 몸 길이	2.5m
	최대 몸 무게	20kg
	서식지	남아메리카 북부 아마존강 유역

무기 송곳니 발톱 힘 스피드 체력  …… 전기

전기뱀장어 서식지

전기뱀장어의 놀라운 비밀

찌릿찌릿 전기를 만드는 전기뱀장어는 말이나 악어처럼 커다란 동물도 쓰러뜨릴 만큼 온몸이 거의 전기 발전기로 이루어졌답니다.

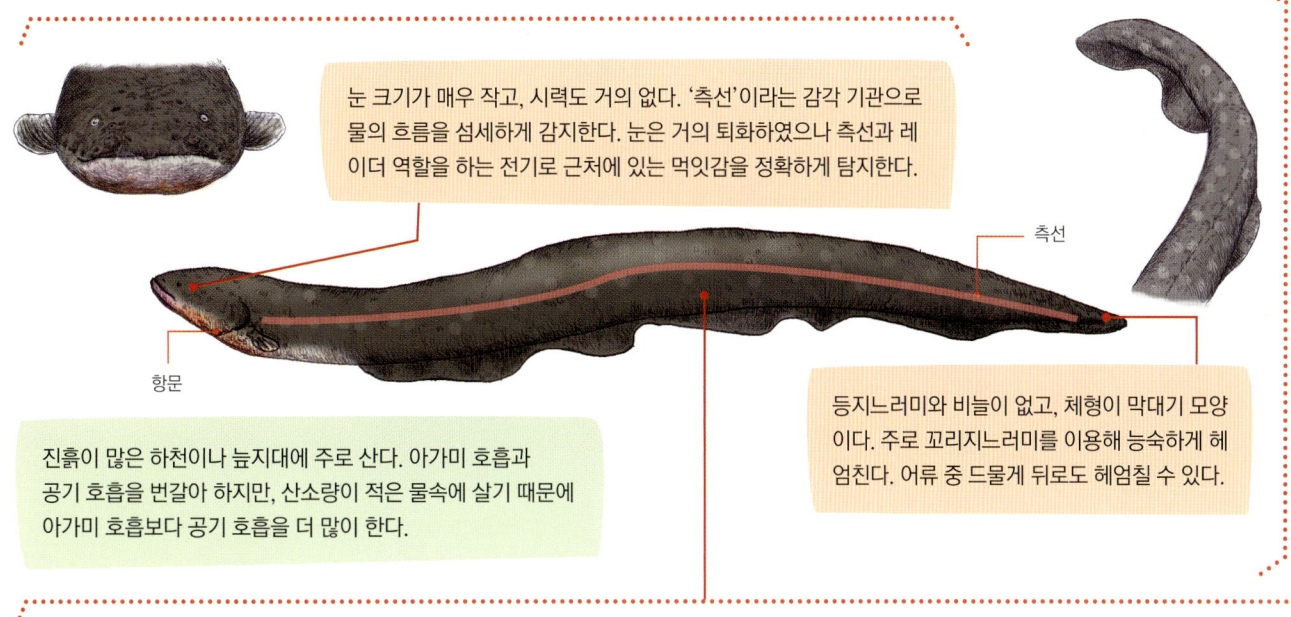

눈 크기가 매우 작고, 시력도 거의 없다. '측선'이라는 감각 기관으로 물의 흐름을 섬세하게 감지한다. 눈은 거의 퇴화하였으나 측선과 레이더 역할을 하는 전기로 근처에 있는 먹잇감을 정확하게 탐지한다.

측선

항문

진흙이 많은 하천이나 늪지대에 주로 산다. 아가미 호흡과 공기 호흡을 번갈아 하지만, 산소량이 적은 물속에 살기 때문에 아가미 호흡보다 공기 호흡을 더 많이 한다.

등지느러미와 비늘이 없고, 체형이 막대기 모양이다. 주로 꼬리지느러미를 이용해 능숙하게 헤엄친다. 어류 중 드물게 뒤로도 헤엄칠 수 있다.

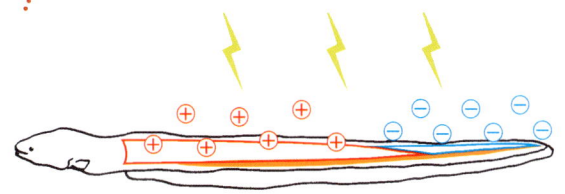

몸통 양쪽에 있는 '발전 기관'은 근육 세포가 전기를 만드는 '발전판'이라는 세포로 변한 것이다. 발전판 한 개의 전기량은 약하지만, 수천 개의 발전판이 모이면, 최대 전압이 1,000V(볼트)까지 올라간다. 이것은 물고기를 죽이거나 큰 짐승도 기절시킬 양이다. 머리 부분에 플러스(+) 극, 꼬리 부분에 마이너스(-) 극이 모여 있어서 전기가 머리에서 꼬리 쪽 방향으로 흐른다.

⚡ 전기뱀장어 몸은 전기 발전소

작은 눈, 웃는 듯한 입……. 전기뱀장어의 푸근한 겉모습만 보고 만졌다가는 큰코다칠 거예요! 악어나 말 같은 거대한 동물을 쓰러뜨릴 만한 강력한 전기를 가졌으니까요. 무시무시한 전기 뱀장어는 가슴부터 꼬리까지, 몸 전체의 80%가 전기를 생성하는 '발전 기관'으로 이루어져 있어요. 내장 기관은 몸 앞쪽 가슴 부분에 모두 모여 있고, 항문도 아가미 바로 아래에 있지요.

전기뱀장어는 탁한 강이나 연못, 호수에 사는데, 주로 밤에만 활동해요. 눈은 거의 보이지 않지만, 물의 흐름을 감지하는 '측선'이 발달해서 주변 상황을 정확하게 파악한답니다. 먹잇감이나 천적이 가까이 오면, 몸을 구부려 단숨에 사냥감을 감전시키지요.

전기뱀장어의 친척, 전기메기

학명 : *Malapterurus electricus*
영어 이름 : Electric catfish
전체 길이 : 100cm
몸무게 : 20kg
서식지 : 아프리카 북부 ~ 서부의 하천과 호수

전기메기는 최대 전압 400V(볼트)로, 전기뱀장어 다음가는 전기량을 만든다. 발전 기관 구조는 전기뱀장어와 같지만, 전류 방향이 전기뱀장어와 정반대이다. 머리 쪽이 마이너스극(-), 꼬리 쪽이 플러스극(+)으로 꼬리에서 머리 방향으로 전기가 흐른다. 고인 물을 좋아하고, 전기뱀장어와 비교해 움직임이 덜하다.

마치는 글

나는 어렸을 때부터 유난히 동물을 좋아했어요. 그때부터 30년이 지난 지금까지 나의 관심사는 오로지 동물뿐이었지요. 나는 여전히 집과 일터에서 동물과 함께 먹고, 자고, 생활하며 일상을 보내고 있답니다. 독자 여러분은 이 책에 나오는 포악한 동물을 보면서 어떤 생각이 들었나요? 잔인하고 무섭다고요? 곰곰이 생각해 보면, 포악한 것에는 나름의 이유가 있어요. 생존을 위해 먹이를 사냥해야 하고, 적으로부터 새끼를 지키려면 어쩔 수 없이 최선을 다해야 하지요. 그런 모습이 인간에겐 포악하고 사나운 맹수로 보일지도 몰라요. 하지만 이 동물을 자세히 들여다보면, 우리 인간이 본받을 점도 아주 많답니다.

"냉동 쥐랑 냉동 병아리를 해동하면, 다시 살아날까요?" 가끔 찾아오는 어린이 손님이 이런 엉뚱한 질문을 할 때가 있어요. 요즘에는 동물을 직접 만날 기회가 별로 없어요. 동물뿐만 아니라 곤충이나 식물들도 보기가 어렵지요. 이 책을 내면서 어린이 독자분에게 꼭 부탁하고 싶은 게 있어요. 이제부터 책이나 영상이 아닌 진짜 살아 있는 동물을 만나러 가는 거예요. 숲이나 들판, 동물원이나 수족관, 동물 보호소나 반려동물 가게……. 동물이 있는 곳이라면, 어디든 좋아요. 나는 어린이 여러분이 동물을 좋아하고, 생물을 좋아하고, 생명을 사랑하며 자라나길 소망합니다. 더 나아가 이 땅에 모든 생명이 이어져 있고, 모두가 소중한 존재라는 걸 깨닫길 바랍니다.

이 장을 빌어 고마운 마음을 전합니다. '열대 클럽'의 구도 히로유키 대표님, 신타쿠 고지 선생님, 가와조에 노부히로 님, 도모아키 님, 시로와 츠요시 님, 도모미즈 아키라 님, 마치다 히데부미 님, 후지타 유키히로 님, 후지이 도모유키 님, 호시 카쓰미 님, 가토 마나부 님, 다쿠스 고미네 님, 쓰루타 겐지 님, 고지마 겐타로 님, 고바야시 요시키 님, 아사노 요시모리 님, 그리고 우리 가게 손님 여러분과 직원분에게 감사드립니다. 그리고 노무라 준이치로 선생님, 구도 히로미 님, 천국에 계신 사에구사 치토 님과 날마다 나를 응원하는 가족에게도 깊은 감사를 드립니다.

다카하시 다케히로

찾아보기

ㄱ
가비알아과 35
갈기 17, 19
갈색하이에나 21
경고색 23
경린비늘 43
고대어 43
고유종 25
공기 호흡 43, 45
공생 관계 23
관뿔매 29
구제 18
균류 8
그린아나콘다 32
그물무늬비단뱀 11, 30, 31, 33

ㄴ
나무늘보 28
난생 41
난태생 41
남미수리 28
남방코끼리물범 27
남획 17
냄새샘 23, 25
뉴트리아 43
늑갑판 39
늑대거북 38, 39
늪살무사 37

ㄷ
단위 생식 37
도마뱀 25, 33, 37
독화살개구리 9
땅늑대 21

ㄹ
라텔 22, 23
램 환수 41
레드테일캣피시 43
레드파쿠 43

ㅁ
마블가재 43
말승냥이 15
말코손바닥사슴 23

맨드릴개코원숭이 29
맹수 8, 18, 19, 23, 27, 31
머레이코드 43
멸종 위기종 25, 31
멸종 위기 29
모어닝게코 37
몽구스 24, 25
무는 힘(치악력) 13, 21, 29 41
무족도마뱀 33
미어캣 25
민물 거북(담수 거북) 39
밀랍 17

ㅂ
바다악어(인도악어) 34, 35, 41
반시뱀 25
발전 기관 45
발전판 45
백두산호랑이 17
백상아리 40
뱀 11, 30, 31, 33, 35
벌꿀길잡이새 23
벌꿀오소리 23
베르크만(크리스티앙 베르크만) 10
베르크만의 법칙 10
부채머리수리(부채머리독수리) 29
북극곰 13
불곰 10, 12, 13, 16, 17, 23
붉은귀거북 43
비단뱀 11, 30, 31, 32, 33, 37

ㅅ
사자 18, 19, 21, 23
생태계 교란 15, 25, 43
생태계 피라미드 8
스라소니 18
시베리아호랑이 16, 17

ㅇ
아가미 호흡 41, 43, 45
아무르표범 9
아무르호랑이 17
아프리카락파이톤 32
아프리카발톱개구리 43
아프리카비단구렁이 32
악어 9, 32, 34, 35, 43, 45

악어거북 35, 38, 39
알래스카불곰 10, 12, 13
어류 3, 37, 40, 42, 44
얼룩무늬물범 26, 27
에조불곰 10
엘리게이터가아 42, 43
엘리게이터과 35
연갑판 39
열육치 21
염류샘(소금샘) 35
외래종(외래 생물) 25, 43
용골 39
울버린 23
위해 우려종 25, 43
유해 야생 동물 9
유혈목이 9
육식 동물 8, 21
이공(귓구멍) 33
인공 번식 31

ㅈ
작은인도몽구스 24, 25
장수말벌 9
장식깃 29
전기메기 45
전기뱀장어 44, 45
점박이하이에나 20, 21
정온동물 10
조류 3, 9, 28, 35
줄무늬하이에나 21
지렁이 8

ㅊ
참수리 9
참파와트 호랑이 19
초식 동물 8, 17
총배설강 33
추갑판 39
출혈독 37
취선 23
측선 45
치타 18

ㅋ
코디액곰 13
코모도왕도마뱀 36, 37

코퍼헤드 37
크로커다일과 34, 35
큰입우럭 43

ㅌ
탈피 35
태생 41
토종 생물 25, 39
티라노사우루스 35

ㅍ
파란고리문어 9
파충류 9, 11, 30, 34, 35, 36, 37, 38
패혈증 37
폐 호흡 43
포식자 8, 27, 36
포유류 3, 9, 12, 14, 16, 20, 22, 24, 26, 37, 41
피라니아 43
피트 기관 31

ㅎ
하이에나 20, 21
하피이글 29
한국늑대 15
항문 23, 25, 45
항온동물 10
헤모톡신 37
호랑이 16, 17, 19
황소개구리 43
황소상어 40, 41
회색늑대 14, 15
회색이리 15

지은이 다카하시 다케히로

'NC 열대 클럽'에서 매니저로 일하고 있어요. 철들 무렵부터 동물에 관심이 많아 늘 동물들에 둘러싸여 살았지요. 고등학교 졸업 후, 요리 전문학교를 거쳐 제과 및 요리 업계에서 일하다가 지금은 동물 돌보는 일을 하고 있어요. 집에서 개, 고양이, 파충류, 양서류, 조류, 어류 등 100마리에 가까운 동물들과 살고 있지만, 개구리만은 무서워한답니다.

감수 신타쿠 코지

생태과학연구기구 이사장이에요. 대학과 대학원에서 동물행동학과 교육공학을 전공했어요. 그 후, 우에노 동물원에서 400종이 넘는 야생 동물을 현장에서 직접 연구하며 동물의 생태와 사육법을 익혔어요. 산과 들에 사는 야생 동물을 만나기 위해 수렵 면허도 땄지요. 대학에서 20년 이상 학생들을 가르쳤으며, 300편이 넘는 자연 다큐멘터리 영화와 과학 프로그램 등을 지도했어요. 또한, 동물원, 수족관, 박물관 등을 세우는 일에 적극 참여해 왔어요. 지은 책으로는 《놀라운 동물학》 등이 있답니다.

한국어판 감수 이정모

연세대학교와 같은 대학원에서 생화학을 공부하고 독일 본 대학교에서 유기화학을 연구했어요. 안양대학교 교양학부 교수와 서대문자연사박물관 관장을 거쳐 현재는 서울시립과학관장으로 일하고 있습니다. 대중의 과학화를 위한 저술과 강연활동을 하고 있지요. 《달력과 권력》, 《공생 멸종 진화》, 《해리포터 사이언스》, 《유전자에 특허를 내겠다고?》 등을 썼으며 《인간이력서》, 《매드사이언스북》 등을 우리말로 옮겼습니다.

옮긴이 정인영

한국외국어대학교와 같은 대학원에서 비교문학을 전공했어요. 옮긴 책으로 《귀여운데 오싹해 심해 생물》, 《귀엽지만 조심해 위험 생물》, 《상상초월 포켓몬 과학 연구소》, 〈착각 탐정단〉 시리즈, 《호랑이와 나》, 《우리 집 미스터리 생물 도감》, 《외계인도 궁금해 할 이상하고 재미있는 우주 이야기 83》 등이 있습니다.

- **일러스트**
   도모아키

- **사진 촬영**
   가와조에 노부히로

- **사진 협력**
   Endless Zone / ORYZA / 가토 마사히로 / Cafe Little Zoo / Kame land Higuchi / 구와바라 유스케 / 동물공화국 WOMA+ / 후지이 도모유키 / Pumilio / Moukinya / Remix Peponi / Rep Japan Ltd. / Wild Sky / aLive / iZoo

- **사진 제공**
   세계 담수 수족관 아쿠아 토토 기후 / Image Navi / 오키나와 개구리상회 / 기네스 세계 기록 / 도바 수족관 / 열대클럽 / 히가시야마 동물원 / Pixta / Photo Library / 요코하마 동물원 ZOORASIA

- **편집 · 디자인**
   g. Grape 주식회사

굉장해! 더 포악한 동물도감

초판 1쇄 인쇄 2019년 11월 25일
초판 1쇄 발행 2019년 12월 9일

지은이 다카하시 다케히로
감　수 신타쿠 코지
한국어판 감수 이정모
옮긴이 정인영

펴낸이 김선식
펴낸곳 (주)스튜디오다산

경영총괄 김은영
책임편집 한유경　**디자인** 김은지
콘텐츠개발본부장 채정은　**콘텐츠개발2팀** 한유경 김은지 강푸른
마케팅사업본부장 도건홍　**마케팅팀** 오하나 안현재　**채널홍보팀** 안지혜 정다은
영업사업본부장 오선희　**영업팀** 이선희 조지영 강민재
경영관리본부 허대우 하미선 박상민 김민아 최완규
외부스태프 교정교열 백승온

출판등록 2013년 11월 1일 제406-2013-000112호
주소 경기도 파주시 회동길 357 2층
전화 02-703-1723　**팩스** 070-8233-1727
다산어린이 카페 cafe.naver.com/dasankids　**다산어린이 블로그** blog.naver.com/stdasan
종이·인쇄·제본 (주)갑우문화사

ISBN 979-11-5639-811-0 73490

- 책값은 뒤표지에 있습니다.
- 파본은 본사 또는 구입한 서점에서 교환해 드립니다.
- KC마크는 이 제품이 공통안전기준에 적합하였음을 의미합니다.
- 아이들이 책을 입에 대거나 모서리에 다치지 않게 주의하세요.

생물 분류법

생물은 큰 분류부터 차례로 '계', '문', '강', '목', '과', '속', '종' 단계로 나누어요. 같은 특징이 많은 '종'을 모아 '속'이라고 분류하는 것처럼, '과'는 비슷한 '속'이, '목'은 비슷한 '과'가 모인 것이지요. 동물원의 안내판에는 보통 '○○목 ○○과'라고 표시되어 있어요. 이처럼 '목'과 '과'를 알아 두면, 어떤 동물이 가까운 사이인지를 알 수 있답니다.